JN440996

유혹의 밤길

곽명규 시집

유혹의 밤길

2023
금사과

곽명규 시집

유혹의 밤길

펴낸날 2023년 5월 5일
펴낸이 곽유진
펴낸곳 금사과/(주)트리플라인
등록 제301-2000-064호 (2-3055)
2000년 4월 4일
주소 서울 중구 마른내로 4가길 41 (04556)
전화/팩스 02 2277 6189

ISBN 978-89-965423-6-0 (03810)

시인의 말:

“이게 내 시집이라오!”

나는, 왜 시를 써 왔으며, 쓰고 있는가? 마음속에, 머릿속에, 왜 어떤 것은 남겨 두고, 어떤 것은 끄집어내서 시를 만드는가? 또 왜 어떤 시는 세상에 내놓고, 어떤 시는 감춰 두는가?..... 괜히 나 자신에게 이런 질문을 던지기 시작하고 보니, 질문만 끝이 없을 것 같은 게 아니라, 답마저도 서로 부딪쳐 부서지고 흩어져 버리려 한다, 차라리 이런 말 저런 말로 대답할 게 아니라, “다른 말은 안 하겠고, 다만 이게 내 시집이라오!”하고는, 그냥 입을 닫으면 어떨까? “시로써 말고 무슨 말을 더 하겠소?” 굳이 이렇게까지 말할 필요야 없으리라.

2023년 5월

곽 명 규

차례

9 I. 밤의 유희
11 유혹의 밤길
13 눈 속의 어둠
14 하루의 길이
16 밤의 유희
18 내 방의 문
21 아침의 공백
23 우회
24 야릇한 여행
26 켐브리아의 사흘 밤

33 II. 누드의 산책
35 미래의 거리
36 푸른 렌즈
38 비와 풍선
40 비의 화살
42 누드의 산책
44 밤의 바다 위에서
46 잘 생긴 나무
48 가시
50 고별

51 III. 어느 날의 꽃
53 어느 날의 꽃
54 두리번거리는 봄

56 바람의 산책
58 자작나무 한 그루
60 틈
62 가엾은 새끼 비둘기
64 숲가에 앉아서
66 사과나무 풍경
68 겨울의 나무

69 IV. 홀로 타는 불
71 촛불 켠 밤
72 홀로 타는 불
74 생각에게 자유를
76 물과 불과 흙
77 순수
78 강물의 빛깔
79 죽음 또한 삶처럼
80 여행자의 인터뷰
81 순환

83 V. 돌아눕기
85 등잔 끄기
86 내안의 미아
88 외출
90 돌아눕기
92 슬픈 생각

94 3막의 플롯
95 구두 가게
96 완벽한 오후
98 죽은 사람의 입장

99 VI. 끝없는 꿈
101 바람, 지도, 길
103 비
105 단풍가
106 가을에게
107 가을의 창
108 바람을 안으며
109 밤과 빛
110 끝없는 꿈
111 나중에
112 사과 냄새

115 VII. Selected Poems

135 곽명규의 시집에 붙이는 말

I

밤의 유희

눈 속의 어둠

한밤에 눈꺼풀을 닫고
내 눈 속을 들여다본다.

낮에 꾸던 꿈의 잔상일까
눈 속이 아직 하얗다.

낮의 환상을 지워 없애려고
밤이면 어둠이 몰려오지만

내 눈 속의 흰 빛이
기어이 막아 내고야 말 것이다.

이 싸움 까닭에 밤 동안은
잠자리에 누울 수가 없다.

어느 날 더이상 남아 있는 꿈이 없게 되면
나 스스로 밤의 어둠 속을 뛰어들리라.

그때 내 눈 속은 밤보다도 더한
검은 어둠으로 빛나리라.

하루의 길이

게오르규와는 아무 관계 없이
내 하루는 25시간이다.

남들보다 시간이 더 많은 게 아니라
하루를 끝내는 데
오히려 한 시간이 모자라는 것이다.

손발이 굼떠서
그런 것이 아니다.

다만 일과 일 사이에
달콤한 공간이 있어
잠깐씩 넋을 빠트리고 섰느라

아니, 방금 지나간
하찮은 일들 속에
괜히 무슨 뜻이나 남았을까 뒤적이느라

아니면 다가오는 일들이 쏘아대는
흥분의 화살에
가슴을 들이대느라

조금씩 멈췄던 순간들만큼
밤이 늦어지는 것이다.

갈 길은 멀고
남은 날은 적은데
내일에게서 모레에게서
시간을 꾸어다 쓰고는

나중에 돌려줄 길 또한
실은 보이지 않아

오늘도 또 잠에 다다르지 못한 채
한 시간을 뒤척이고 있는 것이다.

밤의 유희

밤 두 시
올빼미가 울 때부터
닭이 우는 네 시까지는
꼭 깨어 있으리.

의식과 무의식이 섞여 노는
은밀한 유희를 구경하며.

그러나 이 진기한 마음속
퍼포먼스아트를
밤의 꿈인 줄 알지는 않으리.

좋은 퍼포먼스가 그리울수록
낮 동안 무던히 쏘다녀 놓으리.

생각의 문은 닫고
감각의 창은 연 채
거리를 휘청거리며
싫도록 보아 두리.

그럴수록 한밤이면

유희가 화려하리.

내가 할 일은 다만
잠과 깸의 경계에서
눈과 귀만 열고 앉아
잠자코 기다리는 것뿐이리.

비바람 쏟아지는 여름밤
검은 하늘의 불꽃보다
더 찬란한 광경이
가슴 속에 있음을 알고 나면

나는 절대 다시는
혼자 외롭지 않으리.

내 방의 문

글을 읽고 쓰느라 방 안에 있을 때면
문은 항상 닫아 놓게 된다.

지나갈 일 없는 맨 끝 방이어서
열어 두나 닫아 두나 마찬가지이지만
열어 놓으면 허전하고
밖이 보이면 외로울 것 같기 때문이다.

그러나 혹 누가 찾아올 때
손잡이를 안 돌려도 되면 좋아할 것 같아
아주 살짝만 닫아 놓는다.
아니, 조금만 열어 놓는다.

그러다 어떤 때는 얼핏 문이 열린 듯해
눈을 들어 문께를 바라보기도 한다.

문은 물론 그대로 닫혀 있고
찾아온 사람도 보이지 않는다.
그 대신 귓속에는 방금 누가 던지고 간 듯
무슨 말 한마디가 남아 있기도 한다.

…이것 뿐이야…
…이대로가 좋아…

이런 종류의 앞뒤 없는 토막말들이
귓속을 메아리로 맴돌다가
어느 순간 아무 일 없었다는 듯
사라져 버리고는 하는 것이다.

지금도 막 그런 소리를 들었다.
…안 자?…

달콤하지도 앙칼지지도 않은
처음 듣지만 친근한 목소리였다.

나는 생각에 빠졌다. 새로 세시, 깊은 밤에
아직도 깨어 있을, 아니 불쑥 자던 자리를 뛰쳐나와
발소리도 없이 나를 찾아왔던 존재라면
분명 조상귀신이 아니면 하느님일 것이리라.

그래도 혹 누가 왔나 문밖이나 한번 봐 보려고
일어서다가 거울 속의 내 얼굴과 마주쳐졌다.

아니 내가 저리도 정신이 다 빠져나간
흐리멍덩한 껍데기로 앉아 있었단 말인가?

그러다 퍼뜩 깨달았다. 방금 그 소리는
조상도 하느님도 아닌 내 영혼의 목소리였던 거라고.

깜빡 내가 졸음이 와 눈이 감긴 틈에
영혼이 슬그머니 빠져나가 잠자리에 들었다가
꿈결에 제 육신을 더듬었던 것이라고.
등어리가 가려워서, 또는 다리라도 하나 걸치려고.

아아! 아직 읽고 쓸 일은 많이 남았지만
이젠 그만 등불을 끄고 잠자리로 돌아가
내 영혼의 곁에 누우며 고맙단 말을 해야겠다.
이 낡은 몸뚱이를 잊지 않고 찾아 주었음에.

아침의 공백

디지털 카메라도 어쩌다가
묘한 헛방을 날리는 일이 있지만

아름다웠던 아날로그 시대에는
종종 통째로 헛사진을 찍는
신비로운 경험도 해야 했었지.

필름 넣는 일을 애초에 잊었거나
분명히 넣었으되 감기지 않아
애써 찍은 장면 장면이
모두 헛일이 되고 마는 것이었지.

더 허무한 일도 때로는 있었으니
다 찍은 필름을 되감지 않은 채
그냥 뚜껑을 열고는 비명을 지르기도 했었지.

그러나 해변의 모래성이 쓸려 갔다 하여
주저앉아 통곡하는 이는 없으리니
모래를 쌓던 기억만은 그나마 남았기 때문이리.

그러나 그러나 길고 짜릿했던 간밤의 꿈이

비눗방울마냥 흔적없이 터져 버린 아침
텅빈 가슴속 구멍은 무엇으로 가리리.

떠나간 연인이라면
탄식의 노래라도 남겼으련만

밤새 업고 놀던 아이를 방바닥에 내던지고
철부지 과부처럼 달아나 버린 내 무의식을
행방조차 짐작 못 할 이 아침의 공백은.

우회

친구여, 나는 오늘 갈림길에서
또 엉뚱한 방향으로 차를 몰았다네.

자주 다녀 익숙한 길에서
게다가 나 혼자일 때면
더 이런 일이 일어난다네.

목적지가 헛갈린다는 것은
아마 그리로 가고 싶지 않거나

아니면 외려 정말 가고 싶은 데가
마음속에 따로 있기 때문이겠지.

하지만 결국 누구든 갈 곳은 한 군데뿐이리니
어느 길을 택하든
일종의 우회로에 지나지도 않겠지.

그래 나는 방향을 되돌리지 않고
이왕 들어선 길을 그대로 갔다네.
그 길 또한 갈 만한 길이 아닐까 기대하며.

야릇한 여행

여행길에 기념품 가게 앞에서
가방을 잃었다는 것을 알았다.

지갑은 뒷주머니에 잘 있었지만
남은 날 쓸 돈들은
여권과 명함, 파티 때 입을 정장 등과
모두 함께 옷가방에 들어 있었다.

생각이 나지 않았다.
어느 길로 걸어왔는지
어느 가게에서 트렁크를 놓아 버렸는지.

무작정 뒤로 돌아
그냥 아무 쪽으로나 달려가며
보이는 집마다 뛰어들어가 물었다.

기억하시죠
내가 여기 왔을 때
보셨죠
내 가방
그 속에 든 물건들

내가 자랑하며 보여 주었던!

나는 이렇게 허공에 대고 말하고
그들은 표정 없이 머리만 흔들었다.

차갑고 낯선 외국의 거리로
지워진 내 발자국을 찾아 떠도는
이상야릇한 여행이 시작되고 있었다.

캠브리아의 사흘밤

1. (문스톤 비치)
프론트의 영감은 상냥하지는 않았지만
마음은 착해 보였다.
어디서 오셨소?
엘에이(L.A.)요. 식구들과 샌프란시스코로 가는 중이죠.
캠브리아는 어떻게 알고 오셨소?
지도를 봤죠. 여기가 딱 중간이더군요.
태평양 해안 하이웨이를 타고 오셨군.
네. 바다 구경도 할 겸.
바다라… 여기도 바다가 있기는 하지요.
문스톤(Moon Stone) 비치가 가깝던데요?
잘 아시네! 처음이라면서.
지도에 있더군요. 이름처럼 멋진 곳이겠지요?
예전엔 멋진 비치였지요. 이름처럼.
이제는 더이상 멋지지 않은가 보죠? 오염됐나요?
노오! 그게 아니라, 비치가 달라진 건 없지만
찾는 사람이 적어졌다는 말이오.
왜 그렇게 됐죠? 이젠 바다 대신 산으로만 놀러 가나요?
그게 아니라, 사는 사람이 확 줄었거든. 증조부 때보다!
그래요? 다들 어디로 가 버렸기에?
원래 살던 곳으로 돌아들 갔지요.

원래요? 원래 어디서 살다 왔었기에...?
전국 각지에서— 돈을 벌려고 몰려왔었던 거라오.
아아, 골드 러쉬 때...?
맞소. 그 시기에, 이쪽에 큰 은광이 있었거든.
증조부님도 그때 오셨었나요?
그럼! 그때 온 사람들은 다들 부자가 됐다오.
이 집에서 사셨었군요?
그럼! 물론 그때는 모텔이 아니라 저택이었지만!
벽에 걸린 저 사진인가요?
맞소. 벤치에 앉아 웃는 분이 내 증조 할아버지라오.
꼭 닮으셨네요.
그러나 영감은 더이상 말을 하지 않고 입꼬리를 내렸다.

2. (천국)
십년 만에 다시 켐브리아에 들렀다.
이번은 아내와 둘이 몬터레이로 가는 길이었다.
샌프란시스코보다 가까워 바로 올라가도 되었지만
한가하게 하룻밤을 자고 가고 싶었다.
도착해 보니 드물게도 예쁜 모텔이었다.
현관 바깥의 꽃장식이 특히 아름다웠다.
프론트 뒷벽에 걸린 흑백사진에 눈길이 끌렸다.
저분 사진이 어떻게 여기 걸렸지요?
리셉션 여자는 사진 쪽으로 몸을 돌리려다 말고
다시 나를 쳐다보았다.

어떻게 저분을 아시죠?
전에 뵈었거든요.
뵈었다니요? 백 년 전에 돌아가셨는데 어떻게…?
아아, 사진으로 뵈었었지요. 십 년전에!
네에. 그럼 여기가 아니고…
다른 모텔이었죠. 이름은 생각이 안 나네요.
'찰스 모텔' 말씀이군요?
맞아요, 찰스! 지금도 모텔을 하시나 모르겠네요.
돌아가셨어요. 재작년에.
그래요? 쯧쯧… 그런데 저 사진이 왜 여기 있는 거죠?
찰스 사후에 이리로 가져다 걸었죠. 아드님이.
아아, 여기가 아드님의 모텔이었군요.
네.
저쪽 모텔은 어떻게 됐나요?
작년에 팔았죠. 그리고는 이 집을 샀고요.
그래서 새 단장을 했군요. …며느님이신가 봐요?
네.
그녀가 조그맣게 웃었다.
십 년 전 왔던 때는 동네가 좀 오래 돼 보였었는데…
지금은 좀 새 동네가 됐죠? 사람들도 북적거리고요.
네. 은광시대가 돌아온 것처럼!
하하, 은광 시대! 그럼 정말 좋겠네!
그녀는 이번엔 조금 크게 웃었다.
이렇게 멋진 집에서 자게 돼 너무 좋아요.
네에. 행복한 저녁 되세요.

그녀가 가르쳐준 레스또랑 또한 멋진 곳이었다.
분위기도 음식도 흠잡을 데가 없군! 천국에 온 것 같아.
맞아요. 켐브리아 전체가 천국 같아요!
이번 여행은 온통 천국에서 지내게 되겠어.

3. (지옥)
그로부터 또 십년 만이었다.
이번에는 북쪽지방 여행을 끝내고 돌아가는 길이었다.
오랜만에 천국 같은 켐브리아에 들러 보고 싶었다.
오늘도 잘 수 있을지는 모르겠네. 예약을 안 해 놔서.
옛날 그 모텔에 가면 방을 주겠지요.
그렇겠지? 찰스 때부터 단골이니까.
아아, 찰스!
...그런데 켐브리아를 지나쳤나, 진입로가 안 나오네?
아직 덜 왔나보죠.
틀림없이 이 부근인데... 아아, 저기 표지판이 있군.
그런데 왜 이렇게 어두워요?
곧 밝아지겠지. ...이상하네. 왜 그 모텔이 없지?
다른 골목인가 보죠. 더 돌아 봐요.
아냐, 분명히 이쯤인데... 내가 뭐에 홀렸나?
못 찾겠어요?
아니, 찾기는 했는데 불이 꺼져 깜깜하네.
간판은요?
간판도 없고. 아, 저기, 무슨 창고라고 써 있네.

창고요? 모텔이 아니고?
그래. 창고래. 어떡하지?
부근 모퉁이에 괜찮은 모텔이 또 있었잖아요?
하얀 테라스가 있던? 그 집도 불이 꺼져 있었어.
그럼 어떡해요?
여기선 안 자는 게 좋겠어. 저녁만 먹고 떠나지.
그래요. 옛날 그 레스또랑에 가서 먹고 가요.
...이런! 거기도 캄캄한 빈집이네!
네에? 다들 웬 일이죠?
온 동네가 다 그렇네. 무슨 일이 있었나 봐.
어떡하죠? 잘 데도 없고 먹을 데도 없으니?
그냥 내려가야지 뭐. 가다가 패스트푸드나 먹어야지.
잠은 어디서 자고요?
불 켜진 마을이 있겠지. 아니면 밤새 내려가든지.
그래도 돌아갈 집이 있으니 다행이네요.
맞아. 집에 가서 푹 자면 되지 뭐.
그런데, 다음엔 중간에 어디서 자야 되나?
오늘처럼 그냥 쭉 내려가야지.
돌아올 때야 그런다고 해도, 길 떠날 땐 어쩌죠?
그때도 쭉 올라가야지.
그랬다가 여행지에 가서는 잠만 자다 오게요?
그래도 할 수 없지.
안 돼요. 다른 좋은 데를 찾아 놔야 돼요.
좋은 데가 있겠어? 다 저렇게 됐겠지.
우리가 몰랐던 다른 천국이 있을지도 모르잖아요.

글쎄… 아니, 아니야! 다음에도 또 켐브리아로 갈 테야!
그 지옥엘 왜 또 가요?
다시 천국이 돼 있을지 모르니까! 아니, 돼 있을 테니까!
어떻게 그렇게? 다른 켐브리아가 또 있는 것도 아니고.
다른 켐브리아? …맞아! 켐브리아가 둘이 있었던 거야!
네에?
전에 갔던 켐브리아는 여기가 아니었어.
그게 무슨 말예요?
전에는 언제나 여행을 떠날 때 들렀었잖아? 그렇지?
그건 그렇죠.
이번에는 돌아오는 길이었고! 그렇지?
그건 그렇죠.
그러니까 양쪽 길에 서로 다른 켐브리아가 있었던 거지.
그러니까, 오늘 갔던 켐브리아는 지옥이지만…
그래, 옛날 그 켐브리아는 다음에 가도 천국일 거라고!

II

누드의 산책

미래의 거리

미래의 조각 작품은
전시회장은커녕
건물 모퉁이에도 서 있지 않을 것이다.

거리의 사람들 틈 속으로
너와 나처럼 끼어들어
걸어 다니며 웃고 노래도 할 것이다.

누가 불쑥 신비로운 목소리로
이상한 말을 걸어 오면
사람이 아니라 미술품일지 모른다.

만일 거리의 사람들이
아무도 내 말을 알아듣지 못하면
다들 누가 내놓은 작품일 뿐
진짜 사람이 아닐지도 모른다.

아니면 무심한 사람들에 둘러싸인
나만이 유일하게 작품인 것이거나.

푸른 렌즈

예전엔 바람에 흔들리는 먼 남산 위
소나무의 작은 가지 끝이나
바다 멀리 수평선의 물결까지도
다 알아볼 수 있노라고 뽐내던 내 눈이
근래 들어 불만 조금 덜 밝으면 글도 읽기 귀찮고
비 오는 저녁이면 아무리 갑갑해도
밖에 나서기가 싫도록 흐릿했었는데

이번에 명의님께서 고쳐주신 뒤로
확연히 전보다 잘 보이기는 하나
색목인이라도 된 것처럼 이 세상이
온통 파랗게만 보이니 어쩐 일인가요.
하늘 바다 나무뿐 아니라 길도 집도 사람도
한꺼번에 빛깔이 파랗게 바뀌어 버렸으니
이러다 겨울이 되면
푸른 눈이 내린다고 하겠어요.

이렇게 긴 불평을 늘어놓자
명의께서 웃으며 대답하신다.
태초에 세상은 바닷물처럼 푸른빛뿐이었었죠.
그때는 사람의 눈 또한

똑같이 진한 푸른빛이었고요.
다만 그 뒤로 삼라만상의 빛이 바래면서
우리의 눈빛도 희미하게 바뀌었던 것이죠.

환자님의 눈에 새로 달아드린 렌즈는
옛날 갓난아기로 태어날 때 가졌었던
본래의 진한 눈빛을 되찾아 주는 첨단 렌즈랍니다.
그러니 지금 만일 세상이 푸르게 보이신다면
그건 환자님이 태어날 때 가지셨던
태초의 푸른 눈빛이 재현된 결과입니다.
이젠 어쩔 수 없이 어린 시절의 눈으로
푸른 세상만 보며 사셔야겠네요, 하하.

나는 말을 잃고 새 렌즈가 박힌 눈을 들어
멀리 있는 남산을 바라본다.
푸른 하늘 끝에서 소나무가 바람에 흔들린다.
바람 또한 푸른빛을 띄웠다.
오늘 밤엔 뒷산에 올라 별이나 한번 세어보고
내일은 저녁에 서쪽 바다로 나가
해 넘어가는 수평선을 다시 바라봐야겠다.

비와 풍선

빗방울이 웃으며
떨어지네

흡사 벚나무
꽃잎처럼

마당의
연못 위로

내가 혼자
물에 떠

뜨거운 여름 아침을
식히고 있을 때

마치 하늘의
큰 풍선들이

친구들의
생일 파티 도중

몽땅 내 배
바로 위에서

터지며
쏟아뜨리는

그 많은 축배의
음료들처럼

비의 화살

텅빈 내 방 벽 위에
비 오는 그림 한 장을 걸어야겠다.

땅을 부딪고
발목으로 튀어 올라

양말을
바지 끝을 적셔오는 비.

내 눈길은 줄곧
지붕 끝
차도
인도
…첵,첵,첵…
그림 속의 모든 것을 살피며 따라가

마침내 검은 우산 하나를 찾아내리라.
그리고 반짝이는 에나멜 구두.

가벼이 빗길을 밟으며
남기고 가는 발자국의 파문들,

그 위로 끝없이 떨어져 튀어 오르는
날카로운 비(V) 모양의 화살들.

나는 셀 수 없이 가슴팍에 꽂혀 오는
비의 화살을 잠자코 바라보리라.

어떤 때는 죽을 듯한 아픔이
잠든 사랑을 깨우기도 하노니.

누드의 산책

빌딩과 빌딩의 숲 사이로
곧게 뻗은 아스팔트 차도 위로
자동차도 사람도 없이 햇빛만 비치는 오후
전신이 나체인 조각상 하나가 걸어간다.

왼손에는 두꺼운 책
오른손에는 굵은 볼펜
눈에는 빛에 따라 색이 바뀌는 선글라스.

웃음도 찡그림도 없이
보는 사람이 없음에도 아랑곳없이
다만 한 방향으로 걷고 있다.

아주 먼 원시로부터 왔다는 듯
머리 꼭대기엔 풀잎마저 돋아났고
발뒤꿈치엔 굳은살이 잔뜩 뭉쳤다.

"어디로 가는 길인가?"
창문을 열고 소리치려는 순간
유리 위에 얼핏 내 몸이 비친다.

손에 든 책은 빈 공책
작은 볼펜 속은 마른 잉크
눈에 낀 렌즈는 무색
걸친 옷은 촌스런 원색

나는 절망과 분노를 이기지 못해
그만 창밖으로 뛰어내린다.

그리고는 다시 몸을 일으켜 세워
누드의 등 뒤로 달려든다.

앗! 그의 손에 들린 책이
글자도 그림도 없는 투명 유리였다.

나는 잠시 머리를 움켜쥐고 섰다가
책도 펜도 속옷까지도 차례로 팽개치고
완전한 누드가 되어
사람 없는 대로를 걷기 시작한다.

가을 오후의 맑은 햇빛이 나선형으로 쏟아지며
머리꼭지부터 뒤꿈치까지
온몸을 투명으로 물들인다.

밤의 바다 위에서

기분 좋은 바람이 얼굴을 스친다.
어느새 뭍에서부터 먼바다까지 밀려 왔다.
해는 넘어갔고 낮의 빛은 거의 지워졌다.

배에는 등불 하나를 켜 놓고
나 혼자 쭈그려 앉아 무엇을 쓰고 있다.

글자와 그림들이 빈 종이를 채우는 동안
입가에는 가끔 작은 웃음도 매달린다.

보여줄 사람은 주위에 없으나
뭍으로 돌아갈 생각도 없이

어둠이 쏟아지는 물 위에 기꺼이 뜬 채
고기 한 마리 풍덩대지 않는 고요 속에서

그물 던질 일일랑 생각도 않고
짙어 가는 어둠에나 취할 뿐
나아갈 방향을 찾아 두리번거리지도 않는다.

보려고 해도 지금은 보이지 않으리.

내 배가 아직 너무 밝으니.

그러나 등불이 다 타고 나면
어둠의 끝에 서 있는 등대가 보이리.

밤의 바다 위에서는
등대의 불빛을 보는 것만으로도
행복일 것이리.

잘생긴 나무

-명동성당에서

언덕을 걸어 올라가 왼쪽으로
성당 건물을 스치고 도니
그리 크지 않은 나무 한 그루가 서 있다.

굵은 줄기가 셋
밑동은 하나,
한 그루가 세 줄기로 뻗어 오르며
서로 몸을 껴안고 있다.

삼위일체를 보여주려고
하늘에서 내려온 나무로구나!
라고 생각하는 순간
그 말이 느낌이 되어 다가온다.

가만히 바라보고 서 있으니
점점 나무가 잘생겨 보인다.

아주 잘생겼다.
모양도 색깔도 크기도
서로 껴안은 모습도.

밑에 둘러앉은
사람들의 뒷모습도
나무의 일부 같아 보인다.

특히 등허리들이 잘생겼다.
하나하나에서
더 잘생긴 새 나무들이 돋아날 것 같다.

가시

-부활절 아침에

큰 새 하나 날아간 듯
하늘하늘
깃털 하나 떨어져
내 방 책상 위에 앉았다

꿈속인 듯 바라보니
작은 새였다

팔을 내밀자
새는 손 위에 올라왔다
온 몸이 날개인
밝은 금빛 새였다

그렇게 줄곧 들고 있을까
햇빛처럼 떠다니게 놓아 줄까
새는 언제고 날아가리니
벽에다 묶어서 박아 놓을까

창고 문을 열고
못과 망치를 꺼내 들었다

내 왼손이 문득
허전하고 아파왔다
조그만 금빛 가시 하나가
빈 손바닥을 찌르고 있었다

고별

한날한시에 죽고자 했던 그들
눈동자
입술
이마
턱
뺨

거기서 종종 싹 텄던
그리움
욕망
실망
미움
그리고 사랑

모두 파묻히고 있네
흙
빛
바람
그리고 영원 속에
이제 다는 의미가 없음

III

어느 날의 꽃

어느 날의 꽃

나가 보지 않은 새
꽃이 폈네

돌보지 않는 새
지고 말

사랑의 꽃

어느 날엔
문득
가슴이 내려앉으리

두리번거리는 봄

눈이 내리지 않는
검은 겨울의 뒤끝에
꽃이 피지 않는 하얀 봄이 올는지 몰라

가만히 기다리지 못하고
세상 밖을 나선다.

거리에 진달래 철쭉은 없어도
땅속을 가는 지하철 에스컬레이터에선
열아홉 앳된 이들이 긴 포옹을 하고 있고

땅 위쪽 버스 정거장 벤치에선
불륜인 듯 노인 한 쌍이 진한 미소를 짓는다.

맨다리 여학생의 발그레한 살결
대~한민국 함성 같은 자동차 경적

다시 돌아가는 공원 인공폭포
찬물 적신 몸을 털며 날아오르는 까치
젖은 태양이 나른히 누운 우유 빛 하늘*

두리번거리는 내 눈에
문득 고여 드는 아지랑이

쓸데없이 들고 나온
붉은 물감을 덧칠할 일도 없이

진달래 철쭉보다 한 발 먼저
어디에나 이미 와 있는 봄.

———————

*"젖은 태양":
보들레르 "여행의 초대(L'Invitation au Voyage)"에서 이미지 차용.

바람의 산책

바람이 불고 있다.
그는 지금 그녀의 뒷모습을 따라가고 있다.

그녀는 걸음을 멈추고
꽃을 보고 있다.

바람이 그녀를 스치고
그에게로 불어온다.

바람 속에서 그는 꽃냄새를 맡는다.

그녀는 천천히 걸으며
조그맣게 노래하고 있다.

바람이 그녀를 스치고
그에게로 불어온다.

바람 속에서 그는 노래 소리를 듣는다.

그녀는 큰 나무 아래에서 멈추어
작은 나무인 듯 가만히 서 있다.

바람이 나무를 스치고 그녀를 스치고
그에게로 불어온다.

그의 눈에 눈물이 고이고 있다.

자작나무 한 그루

처음 자작나무를 보았을 때는
허옇게 키만 큰 서양 여자를 만난 듯
이국적이기는 해도 눈이 채 끌리지 않아
느낌 없는 그림인 양 외면마저 했었다.

그러나 다시 보니 가늘고 희멀건 팔다리에
툭툭 시커먼 흠집들이 돋아
문득 여린 여인의 과거를 보듯
마음 한 귀퉁이가 아파 왔다.

얇고 질긴 자작나무 껍질로는 편지도 써 보내고
생일 선물 꽃바구니도 엮을 수 있다지만
그러려고 아픈 살갗을 벗기는 일은
연애편지 아닌 유서를 쓴다 해도 못 할 짓 같다.

대신 꼭 한 번 그 숲을 찾아가 봐야겠다.
찾아가서 하고픈 일 하나를 해야겠다.
숲속으로 들어가 나무 사이를 걸어 다니리라.
그러다 어느 발밑에 털썩 누우리라.

하얀 자작의 줄기마다 햇빛이 피어올라

투명한 수액인 양 솟구쳐 부서지며
폭죽처럼 온몸 위로 쏟아져 내릴 때
나는 갓난아기마냥 깊은 잠속에 빠지고 말리라.

햇빛이 어느새 흰 달빛으로 바뀌고
달도 져 깜깜한 어둠이 되고
겨울이 오고 눈이 쌓여 얼음으로 얼어도
나는 줄곧 깨지 않고 꿈속에만 있으리라.

어느 날 나처럼 멀리서 숲을 찾아 날아온
흠집투성이 살결일랑 아랑곳도 않는
풋풋한 소년 같은 새 자작나무 한 그루가
내 곁에 돋아나 하늘을 찌르고 오르는 꿈.

틈

방안이 답답하기에
창문을 조금 열어 놓았더니

부근 나무에 있었는지
새 한 마리가 들어왔다.

며칠 전 창가에 가까이 날아와
큰 소리로 노래했던 바로 그 새인지

먹을 것을 원하는지
놀이 친구가 필요한지

전혀 알 길이 없어
잠자코 멀찍이서 바라보기만 했다.

새는 내 빈 방을 서성거리다가
들어왔던 창틈으로 날아갔다.

언제고 다시 온다면
무언가 해 줄 수도 있을 것 같은데

먹지도 놀지도 못하고 갔으니
아마 또 찾아오지는 않으리라.

그렇다고 아주 싹 잊어버리고
마음을 닫아 버릴 수도 없어

그 뒤로 종종 창을 열고 서서
새 소리에 귀를 기울이고는 한다.

어쩌면 몸이 작으니 좁은 틈새로
몰래 살짝 드나들기를 좋아할는지 몰라

창문을 때로는 도로 반쯤 닫고
일부러 좀 떨어져 한눈까지 팔면서.

가엾은 새끼 비둘기

바람에 흔들리는 물결을 보려고
박물관 호숫가에 자리를 잡았는데

어린 비둘기 한 마리 날아와
내 앞에 사뿐 내려앉았다.

자못 강렬히 나를 올려다보며
꼼짝도 않고 서서 눈만 깜빡이는 것이

카메라 앞에 뉘어진 아기 모델 같아
옛날 내 어릴 적 모습을 상상하며

사진이나 몇 장 찍어 주기 시작했는데
어째 새의 얼굴빛이 밝아 보이지 않았다.

먹을 것을 찾고 있니, 비둘기야?
생각만 하고 말은 하지 못했다.

이야기가 하고 싶니, 새끼 비둘기야?
또 생각만 하고 말은 하지 못했다.

과자 부스러기 하나 갖고 있지 않았고
입이 묶여져 소리를 낼 수 없었다.

비둘기의 작은 눈이 문득 감기며
무언가 슬픔을 말하는 듯했지만

새에게 달리 해 줄 일도 없어
나는 그저 사진찍기만 계속했다.

잠시 후 쓸쓸히 새는 날아가고
나만 혼자 빈 연못가에 남겨졌다.

하얀 코로나 마스크 속에 한숨을 감추며
바람 없는 물결 쪽으로나 눈길을 돌렸다.

숲가에 앉아서

발소리 없이
누가 다가왔다.

나는 책을 내려놓고
눈을 들어 그를 바라보며

조금 전 숲에서 들려왔던
울음소리를 떠올린다.

대나무라도 분지르듯
거칠었던 목소리가

어찌 이리도 아름다운
그의 몸에서 나왔을까?

부끄러운 듯 조용히
그는 내 앞을 지나가고

나는 그 뒤를 따라 일어서지도 못한 채
겨우 책이나 도로 집어 들어

읽던 데도 더 지나쳐
계속 한 장 한 장 넘기기만 한다.

혹시 책 뒤쪽 어딘가에
작은 삽화라도 한 장 있어

사라진 그 꿩의
깃털이라도 다시 볼 수 있을까 하고.

사과나무 풍경

새들은 날개가 있어
종일 하늘로 날아오른다.

날고 있는 새는
날개를 쉬어도 계속 날지만
마지막에 내려앉으려면
처음 날아오를 때와 똑같은 힘이 필요하다.

시작이나 끝일수록 힘이 많이 드는 것은
속도가 0에 가깝기 때문이다.

뉴튼의 사과도
속도가 0을 벗어나며
꼭지가 떨어졌고
0으로 수렴하며 땅에 부딪혔다.

삶도 속도가 0 부근인
탄생과 죽음의 때가 제일 힘들다.

젊은 새는 매일
하늘의 넓이만큼을 날지만

늙은 달팽이는 이미 간 거리나 갈 거리가
모두 합쳐도 얼마 안 되는데

속도는 가야 할 거리뿐이 아니라
욕망의 크기에도 비례함을 일깨우려는 듯

작은 날개 하나 안 돋으려나
겨드랑이를 만져가며
등 굽은 달팽이가 무한의 속도로
사과나무를 기어오르고 있다.

겨울의 나무

봄에는 꽃에 가려
나무가 보이지 않았다

겨울이 되자
나무는 비로소

아름다운 몸매를
드러내었다

IV

홀로 타는 불

촛불 켠 밤

촛불 하나로 온 집을 밝힐 수 없듯
횃불 하나로 온 밤을 밝히지 못한다.

등불 하나를 들고
밤의 사막을 걸을 수 없듯
별 하나의 빛으로
우주를 날지는 못한다.

그러나 별 가득한 밤하늘은 아름다워라.
그리고 어둠 속에선
불빛 흔들리는 손 또한 아름다워라.

그러므로 이 세상엔
별처럼 많은 촛불 있기를.
그리고 그중 하나는
내 것이기를.

홀로 타는 불

짜라투스트라가 새해 첫날부터 이런 화제를 던졌다.
"위대한 천체여, 그대가 빛을 비추려는
대상이 만일 존재하지 않는다면
그대는 행복하겠는가?"

그 순간 머리에 떠오르는 것이 있어
이렇게 되물었다.
"그대는 위대한 천체가 아니라
작은 촛불인 나에게도 똑같이 물을 것인가?"

철학자가 얼른 대답하지 못하기에
조금 자세한 설명을 덧붙였다.

"촛불은 많은 대상에게 빛을 나누어 줄 수 없다.
그에게 대상이란 어둠 속에 숨은 존재여서
보이지도 않고 짐작할 수도 없다.

그러나 대상들 쪽에서는 촛불이 잘 보이리니
누구나 필요한 만큼 촛불을 바라볼 것이다.
그러므로 촛불은 누구를 비출까 찾을 것 없이
홀로 타오르기만 하면 되는 것이다."

철학자가 이제 좀 이해를 하는 듯하기에
처음의 질문을 되풀이해 보았다.

"행복이란 그 원천이 자신에게 있는 것이거늘
촛불이 자신의 그림자 위에서 홀로 타는 것으로는
결코 행복하지 않을 것이라고 그대는 생각하는가?"

철학자는 대답 없이 고개를 숙였고
나는 으쓱대며 결론을 말했다.

태양처럼 밝은 불들은
제가 비추는 대상을 바라보는 재미로
뜻도 없이 몸을 태우지만

촛불은 오직 자신의 열정을
죽기까지 스스로 태우는 순수의 불이니
하늘 아래 어느 것도 따르지 못할
무한 행복의 존재인 것이라고.

생각에게 자유를!

나의 생각에게
완전한 자유를!

생각은 본시
자유의 품에서 태어났노니

괜히 글자의 틀에 끼워
구속하지 말 것.

생각은 글자의 옷에 구겨 넣을 만큼
몸집이 작지도 않거니와

한번 어느 옷을 입고 나면
본모습을 잃은 배우처럼 되고 말리니

차라리 벌거벗겨 생각끼리 놀게 하다
마지막엔 그대로 놓아두고 떠날 것.

내가 못 다 풀고 간 부분은
다음 사람들이 이어서 생각할 것이며

내 말 한 마디를
들어본 적이 없었어도

내가 했던 생각을
더욱 더 잘 익히고 키울 것이니.

그리하여 한층 더 훌륭해진 생각들이
해를 더해 이 땅을 뒤덮을 것이니.

물과 불과 흙

오래 된 친구들과
모처럼 멀리 꽃놀이를 나갔다.

어렸던 시절로도 돌아갔고
다시 늙은 오늘로도 돌아왔다.

여러 이야기가 오고 갔지만
사랑에 관한 말이 제일 많았다.

사랑은 남비 속의 물과 같아
계속 불을 때지 않으면 끓기를 멈춘다.

별 생각 없이 이렇게 말해 놓고 나서
스스로 고개를 끄덕여 본다.

흙으로 빚어진 사람의 마음은
내버려 두면 식어서 굳고 말리니.

순수

사랑을 얻고 나면
그리움을 잃게 되듯이

이름을 얻고 나면
순수를 잃는다.

둘 다 지키기는 너무 어려우나
그래도 한번 해볼 길은 남아 있다.

순수히 그리움으로 살고는
얻은 것 없이 떠나는 것.

떠난 뒤에 간혹
나머지가 얻어지는 수도 있으리니.

그리고 그 때에는
원래의 것을 잃을 걱정도 없으리니.

강물의 빛깔

강물은 빗방울과
지나가는 구름과도 노닐며
벌판도 절벽도 밤바람도 다 겪으며
달콤한 과일도 퀴퀴한 오물도 다 맛보며

마침내 푸른 빛 속에
짠맛 비린내를 다 담고 있는
바닷물 속으로 뛰어든다.

강물의 빛깔이 서로 다른 것은
어떤 강은 샘에서
어떤 강은 빙하에서 왔기 때문이다.

또 꾸불꾸불 흘러오는 동안
꿈과 좌절의 농도가 다른 까닭에
물맛도 냄새도 같을 수가 없다.

그러나 마침내 종착지에 이르러서는
모두가 바닷물처럼
평화와 환희의 푸른 빛을 띠우게 되리라.

죽음 또한 삶처럼

하루의 시간이
밤과 낮으로 되어 있듯이

존재 또한
잠과 깸으로 이루어지나니

죽음 또한 삶처럼
존재의 방식이리.

밤의 뒤를
또 다른 낮이 따르듯

죽음의 뒤를
또 다른 삶이 따르리.

여행자의 인터뷰

처음 오면서는 이곳이 어떨지 몰라
얼마나 있다 갈 건지 예정을 못 했었지요.

어떤 이는 꽤 재미있어 하는 듯 하다가도
어느 날 훌쩍 돌아가 버리기도 하고

반대로 별로 재미없이 지내는 듯
곧 떠나리라 하면서 눌러앉기도 하더군요.

하지만 난 아직 잘 모르겠네요.
얼마쯤 더 있을지 그냥 빨리 가 버릴지.

간다면 또 어디로 갈지.
거기는 여기와 어떻게 다를지.

그보다도 더 중요한 것,
떠나고 싶을 때 떠날 수는 있을지.

순환

맨 처음 내 몸은
어둠 속의 점이었었다.

어느 날 당신의 목소리가
내 귀에 닿았을 때

나는 당신의 종이 위에
하나의 선으로 그어졌었다.

당신의 목소리가 가슴으로 옮겨지며
나는 풍선으로 부풀기 시작했었다.

오늘 문득 소낙비 속에서
지난날 당신의 목소리가 들려 왔을 때

먼지처럼 내게 다시 일었던
끝 모를 그리움이

마침내 어느 날엔가
가슴으로부터 뼛속으로 옮겨질 때면

내 몸은 맨 처음
작은 점으로 돌아가 있으리라.

내 혼은 바로 그때 태어나
새로운 순환을 시작하리라.

V

돌아눕기

등잔 끄기

그날 어스름에 잠이 들었다 깨었을 때
식구들은 아무도 돌아오지 않았고
벽걸이 등잔만 홀로 껌뻑이고 있었지

어렸던 마음에 문득 겁이 들어
불쑥 집 밖으로 달음질쳐 나가려다
왜일까 돌아보고 싶어 발길을 멈췄었지

타고 있는 등잔불만 두고 갈 수도 없거니와
달아나는 내 모습을 들키는 것도 싫어
슬며시 벽에 다가가 뒤꿈치를 들고 섰지

그러나 등잔을 끄지는 결국 못 했지
석유? 심지? 불꽃 자체? 아니 오히려 어둠?
무엇이 등불을 태우는지 알 수가 없었지

그 저녁 등잔이 아직껏 켜 있었나
이제는 끌 수 있잖을까 고개 쳐들고 묻네

내 안의 미아

매일 다니는 길 모퉁이에
삼십 년째 변함없이 걸려있는
잃어버린 아이를 찾는 현수막에
오늘 밤 내 사진이 걸렸다.

돌아가신 아버지 할아버지가
모두 지금의 내 나이와 같아
때로는 친구인 양 혼동까지 되는 판에
어쩐 일로 그분들이 오늘 밤은
당신들의 친구같이 나이 든 나를
잃어버린 아이라며 찾으실까.

고개를 외로 꼬며 걸음을 늦추는데
손바닥만한 플라타너스 잎새 하나가
따귀라도 때리듯 요란하게 떨어진다.

조금 정신이 들어 다시 생각하니
아버지 할아버지가 걱정하시기 전에
나 스스로 이미 오래 전에 나 자신을 잃어버렸다.
삼십 년 아니라 벌써 오십 년 전에
잃어버려 놓고 찾을 생각도 안 했던 것이다.

이제는 얼굴도 목소리도 다 너무 달라져
길에서 마주친다 해도 알아볼 길이 없어
영영 못 찾을 미아가 된 나!

불쌍하게도 길을 잃고 돌아오지 못했던
그날의 어린 모습은 떠오르지도 않아
늙은 오늘의 사진으로 대신 내걸린 나.

스스로 찾아 나설 엄두가 나지 않아
한 번 본 적도 없는 거리의 사람들에게
찾아줄 수 없겠냐고 애원을 하게 된 나.

혹 누구 눈썰미 있는 착한 사람이 있어
저 늙은 사진 속에 한 올 남았을지 모를
내 옛 모습을 알아봐 주지 않을까
괜한 기대로 사방을 둘러보는데

어두운 길거리에는 사람도 차도 없고
먼 공중에만
옛날 내가 들고 놀다 놓친 풍선인가
흐릿한 달 조각 하나 맥없이 떠 간다.

외출

현관에서 아내가 구두를 고르다가
쳐다도 보지 않고 말한다.

당신은 내가 외출하는 게 좋지?
혼자 지내는 게 재미있어서?

미안해서 해 보는 말일 테지만
섭섭함이 미리 들어 있다.

아내가 비워준 집에 홀로 남으면
혼자였던 젊은 시절이 돌아올지도 모른다.

달걀이나 두어 개 삶아 까 먹으며
LP 판이나 연속으로 틀어 놓고
옛 수첩이나 들춰내 뒤적이다 보면!

아내가 멈춰 놓은 시간의 틈새 속에서
파묻혔던 옛날을 쑤셔 보는 일이란
어쩌면 외도일까 배반일까, 일종의.

그냥 창가에 누워 하늘이나 쳐다보며

뜻 없이 휘파람이나 날려 보내다가

문득 일어나 부엌에라도 뛰어 들어가
남자가 좀스럽게 설거지라도 해 놓고서
아내의 핀잔 섞인 칭찬이나 기다릴까.

닫힌 현관문을 다시 열고 서서
허공에 대고 말 한마디를 던져 본다.
실컷 놀고 늦게 와. 나 오늘 바빠.

돌아눕기

-부처님 오신 날에

빈 베개에 등을 지고
모로 누웠더니

여행 중인 아내가
꿈속으로 찾아와 말했다.

혼자 자면서도 그리 누운 걸 보니
퍽은 내가 미웠나봐?

꿈결에 등너머로 대답을 보냈다.
빈자리가 보이니 잠이 안 와 그랬지.
이젠 도로 돌아누워도 되겠네.

대답은 그런대로 된 듯도 했으나
몸이 묶여진 듯 뒤집어지지가 않았다.

아내의 다리 한 짝이
엉덩이에 얹혀져 있었던 것이다.

오십 년을 함께 살고 나면
밉고 고운 구별도 못 한다더니

마침내 꿈까지도
생시와 차이가 없게 된 모양인가.

이러다 어느 날엔 죽음조차 삶과 똑같아져
둘 중 하나가 떠나가도
그저 여행 갔나 하겠지 싶었다.

그 뒤로 잠이 아주 깨어
남은 밤을 애꿎게 몸만 굴려 댔다.

슬픈 생각

생일 선물로 무얼 좀 사 주려고
손녀를 데리고 마트에 갔었다.
함께 의논하며 물건을 고르는
아기자기한 재미를 기대했는데
미리 보아 두었던지 서슴없이
장난감 강아지를 집는 것이었다.
"소리도 내고 걷기도 해요--"
라는 손녀의 설명을
"아아, 집에서 기르지 않으니까--"
라고 이해했다.
강아지나 고양이를 기르다 잃게 되면
너무 일찍 슬픔을 배울까 걱정이었는데
장난감이야 좀 다르겠지 싶었다.
점심을 먹다가 손녀가 불쑥 물었다.
"할아버지 할머니는... 오래 사시겠지?"
옆에서 아내가 얼른 대답했다.
"그야 모르지."
아니면 무어라고 말하랴 생각하고 있는데
손녀가 한 차례 더 질문을 던졌다.
"돌아가시면 화장할 거에요, 매장할 거에요?"
내가 답을 더듬는 동안 또 아내가 대답했다.

"그야 산 사람 마음이지, 우리 뜻대로 되겠니?"
아내는 일어서 화장실에 갔고
나는 마주 앉은 손녀를 가만히 바라보았다.
'이제 겨우 만 여덟 살인데?'
손녀는 손등으로 눈밑을 훔쳤다.
나도 눈밑이 간질거렸다.
손녀와 눈이 마주쳤다.
동시에 내 손끝이 눈가에 가 닿았다.
아내가 돌아와 앉자
내가 일어서 화장실을 다녀왔다.
"눈이 왜 빨개요?"
손녀가 빤히 쳐다보며 물었다.
"돈가스가 매워서."
"덜 맵게 해 달라지..."
"그럴 걸 그랬다."
"매운 돈가스 집이라고 간판에도 써 있던데."
"이럴 줄이야 몰랐지."
정말 상상도 못 했었다,
이렇게나 맛이 매울 줄은.

3막의 플롯

옛날 학교 친구 하나가
사십 년을 나가 살던 외국에서 돌아왔다.
생의 첫 막을 시작했던 곳에서
할 일 없이 낚시나 하며
한가로운 끝막을 맺고 싶다고 했다.
친구가 돌아간 뒤 나는 쪼그리고 앉아서
2막과 3막 사이에 끼인 나의 날들을 생각한다.
낚시를 즐기지 않는 나는 친구와는 반대로
첫 막의 기억이라고는 하나도 없는
알지 못할 먼 나라로 떠나야 하는 것 아닐까.
지금껏 관객 없는 빈 무대에서
혼자 노래하며 쓸쓸코 헛되게 보내 온
둘쨋 막의 울긋불긋한 의상은 벗어 던지고
아예 극장 밖 뒷골목으로 걸어 나가
어려서 못 꾼 꿈들이나 새로 꾸면서
이따금 몰래몰래 고백의 편지나 한 통씩
멀고도 높은 구름 속 성채 안에 살고 있는
잊혀진 애인에게로 띄워 보내며 살려면.

구두 가게

입은 옷이 마음에 들지 않은 채
저녁 모임의 식당에 갔다가
벗어 놓은 구두를 잃어버렸다.
새것도 아닌 내 구두를
누가 일부러 훔친 것은 아니겠고
자기 신발로 알고 신고 갔을 테지만
대신 남겨진 구두 한 켤레가
크기나 모양만 내 것과 닮았을 뿐
발을 넣어 본 느낌이 너무도 달랐다.
"그냥 신으시면 안 될까요?"
"아니요. 남의 것이라 불편해요."
"금방 익숙해 지실 텐데요."
그러나 모르는 사람의 발걸음을
뜻 없이 이어 걸을 수는 없어
끝내 맨발로 그 집을 나왔다.
그리고는 구두 가게가 없나 하고
두리번거리며 거리를 내려갔다.
오늘 밤 구두를 새로 사게 되면
이제껏 다니던 길들 말고
새길만 밟고 살 수는 없을까 생각하며.

완벽한 오후

나 혼자 한가로이
박물관 뜨락을 거닐었다.

꽃들은 지고 없었지만
진한 녹색 잎새가 가득 덮였고
가지마다 작은 새들이 속살거렸다.

완벽한 오후였다
어디 한 군데 가만히 앉아
시를 읽고 있기에는.

그때 문득 바람이 일며
누군가의 목소리가 실려 와
낮고도 또렷이 말했다.

"나야, 지금 공원 산책 중이야.
고맙게도 많이 아픈 덴 없어.
전화번호 하나 물어 보려고.
아직 그 친구 살아 있나 해서."

목소리는 멀어져 더 들리지 않았고

새소리마저 끊어진 듯했다.

나는 멍한 눈을 들어
초점 없는 하늘을 바라본다.

보이는 것이라고는
조그맣고 하얀 구멍 하나.

구름도 없이 떠 있다.

방금 읽고 잊어버린
싯구절처럼 아무 의미 없이.

죽은 사람의 입장

죽은 친구를 닮은 이를 길에서 스친 뒤
야릇한 즐거움에 빠져들었다.

삼십오 년 전 돌아간 아버지도
육십 년 전 돌아간 할아버지도
생각날 때는 언제나 살아서 돌아오듯
기억 속에서 친구는 여전히 살아 있었다.

떠나간 이는 그립게 떠오를 뿐
끝끝내 슬픔만을 몰고 오지는 않는다.

죽은 이의 입장에서는 늘 아쉬우리라.
두고 간 사람들을
이제는 기억할 수 없을 것이므로.
사랑했거나 혹은 미워했을지라도.

VI

끝없는 꿈

바람, 지도, 길

1.
편지를 받았네
여행의 신에게서
세상의
벌판 위에
풍향계 하나
꽂혔네
구름도
나뭇가지도
내 갈 길을 가리키네

2.
바람은
한 군데
머무는 걸 못 견디나
날마다
귀 간질이듯
안 떠나냐 묻더니
오늘은
채찍질 하듯
등 때리며 외치네

3.

흙먼지
돌멩이
뒤섞이는 소리에
유리창 훔치고
눈 비비며 내다보니
온종일
그리 달렸어도
아직 그 길 위였네

비

1.
베개 속에
한 귀 묻고
등 돌려 누우니
남은 귀
창에 댄 듯
빗소리
더 세차네
온 종일
닫아 놓은 문
그만 열까 두드리나

2.
우산을 두고 나오니
또 비가 내리기에
손에 든
시집을 펴
머리에 얹었더니
촉촉한
느낌표 하나
뺨을 타고 내리데

3.
물길은
가다 끊어지면
폭포 되어 떨어지나
하늘엔
무슨 일 있어
이리도 쏟아 붓나
내 속에
큰 웅덩이 있는 줄
혹시라도 아는 양

단풍가

산마다 불이 붙어
온 하늘로 타오르고

노을 빛 저녁 해에
구름마저 붉어지니

내 맘 속
마른 가지에도
단풍 꽃이 피겠네

가을에게

줄곧 따순 햇볕만
내려줄 줄 알았지

산꼭대기에 서리 진대도
가 볼 체를 안 했지

바람에
잎새 푸르러
떨어질 줄 몰랐지

그 손길 따스해
옆에 놓곤 잊었지

이제는 차졌대도
만져 보질 않았지

기어이
돌아선 뒤엔
부르기도 먼 너

가을의 창

창가의 양란 봉오리
가을볕에 벌어져

나비도 꿀벌도 없는
빈 꽃 날개 펼친 채

못 보낼 편지 되읽듯
여린 웃음 짓나니

꽃 지고 잎 바랜
가을의 길모퉁이

바람 소리 한 가락에
소스라치는 낙엽을

저 또한 가슴 졸이며
훔쳐보고 있었나

바람을 안으며

동짓달
그믐날
강 바람 찾아와
멀리서 온 편지인 양
귓가를 건드리곤
껴입은
옷 소매 들치고
가슴팍에 스미네

바람은
빈 곳 찾아
떠도는 나그네라
내 마음 채워주려
얼음 길 뚫고 왔거니
차가운
가슴이나마
껴안아 반겨 주리

밤과 빛

1
달빛이
스미는 듯해
커튼을 젖혔더니
하늘엔 구름뿐
별조차 뜨지 않았다
그 대신
앞 동 창문마다
형광등이 켜 있었다

2
한 밤 중
부엌에 들다
내 그림자에 부딪혔다
뒷집 불빛 하나가
창을 넘어 와 있었다
말 한 번
건넨 적 없던
이웃 사촌의 눈인사!

끝 없는 꿈

나 아직 자라던 시절 한 때 꿈꿨었지.
먹어도 먹어도 변함없이 맛좋고
끝끝내 배부르지 않을 음식은 없을까.

새파랬던 청년 때는 그 꿈이 바뀌었지.
보아도 보아도 변함없이 예쁘고
끝끝내 미워지지 않을 미인은 없을까.

나이테가 하나둘 이마에 새겨지며
자도 자도 꿈 없는 날이 자꾸만 늘어갔지.
끝끝내 이렇게 살다 가고 마나 싶었지.

나 이제 남은 날 세어 가며 살게 되니
꾸어도 꾸어도 깨고 싶지 않은 꿈이
밤마다 친구인 양 찾아오면 더 바랄 것 없겠네.

나중에

옛날에
사랑하던 때
사랑만을 했듯이

그 뒤에
살아 오기를
그저 살아 왔듯이

나중에
떠날 때 되어도
그냥 떠나만 가리라.

사과 냄새

길에서 스친 호리호리한 청년에게서
잘 익은 사과의 향기가 났기에
수첩을 얼른 꺼내서 그 이야기를 적었다

젊은이 스친 자리에 사과 냄새가 남았네
사과 향이 쏟아지는 향수를 뿌렸나
남몰래 주머니 속에 사과를 숨겼나

봉지 모양 꼬부라진 가느다란 손끝에
온 종일 골라 팔던 사과가 매달려
키크고 깡마른 그 몸이 사과 나무가 되었나

한 시인이 이 글을 읽고 소감을 말했다
기발하군요 사람이 사과나무가 되다니
그리고 바로 밑에다 이렇게 써서 내밀었다

사람도 때로는 나무가 되기도 하나
사과나무 감나무 모과나무 은행나무
길 가다 마주친 젊은이 사과향기를 뿌리고 간다

어린 딸 주려고 사과 한 봉지 사 들었나

할머니 좌판 위에 마지막 떨이였나
저만치 가는 뒷모습 사과나무로 보인다

"직접 겪은 내 글보다 그냥 읽고 썼을 뿐인
시인님의 글귀가 훨씬 생생하군요"
솔직히 이렇게 말하고 대답을 기다렸다

"사람을 나무로 본 게 내 생각이 아니니
내가 썼다고 내 글이라 말할 수는 없지요"
이 말에 너무 놀라서 더는 말을 못 했다

VII

Selected Poems of Michael Kwack

Sad Dreams

Was it true,
sleep depends on tears?

To refill the well
that had dried up by day,

Or to wet the lids, at the least,
by dreaming sad dreams--

With that tearful hope,
had the sleep come by night?

a note

a word
whispered
in secret

a name
dropped
thereafter

a woman
reflected
thereover

the transparent sunlight
stirred by her
thin fingers

Sunday

Could've I dared
To meet that woman?

From a distance,

With an ear of tiny hope
Deep in her sack of vacant mind,

To lose ennui,
To collect sympathy,
Or simply to hide in an ordinary chat,

Blinking tender eyes,
She would've fled her dullish room,

That little woman
Of timid blush!

Birth of Octave

Dominoes are hanging,
like 88 wind-chimes, inside a
Record shop window;
whereinto an old Irish priest,
once a dreamer of becoming
Michelangelo, or Liszt the virtuoso,
but today called
Father Manyon,
is gazing, recalling the scented
Solitary pine,
on the hillside of his home town,
whereunder he used to recite
La Belle Dame sans Merci,
often so much wishing to
See the pale sighing face,
oh, that face of the childish poem-writer;—
Dominoes, right at this moment,
all start shivering, on the wind,
also swinging, then tapping, one by one,
onto the reflecting window-pane.

A Candle-lit Night

A candle alone
  cannot brighten a whole house;
A torch alone
  cannot brighten a whole night.

With a single lantern
  A dark desert cannot be walked on;
With a single starlight
  The universe cannot be flown through.

But beautiful is a star-filled night-sky.
And beautiful too, in the dark,
  Is the hand with a wavering light.

In this world, therefore,
  Let there be candles, numerous as stars;

And let one amongst them
  Be my own.

The Flower One Day

While I was not out,
The flower bloomed.

That will fall
While I do not look,

The flower of love.

One day,
Suddenly,
The heart will fall.

Rain and Balloon

Rain drops are laughing,
Falling,
Like Cherry
Blossoms,
Onto the Garden
Pond
I am alone
Floating on,
A little cooling the warmth
Of Summer
Morning,
As if flying
Big Sky Balloons
Of Birthday Party
Of friends,
All right above my belly,
Burst at once,
Pouring
All those toasting
Waters.

Play in the Night

From two o'clock
When owls hoot
Up to four when cocks crow
Surely I will be kept awake,

To watch the secret play
Of the conscious and unconscious.

However, I will not see
The queer performance inside me
As a mere dream in the night.

If I long for better plays,
More will I wander during the day,

The door of thought closed,
The window of sense opened,
Reeling on through the street,
Facing everything, until worn out,

For that will make the play at night
A much more splendid one.

Then all I have to do is sit,
On the border of sleeping-awaking,
And open all my eyes and ears,

Only to wait, with no words.

Once I have known that on the inside
I have the scenery much flashier
Than the fires in the black firmament
On the rainy and windy summer nights,

Perhaps never will I feel
Alone and lonely ever again.

Detour

At a crossroads today, my friend,
I again drove in a wrong direction.

At roads well-known and often driven,
Especially when I am alone,
This occurs more frequently.

If I forget my destination, I think,
Probably certainly it means
I am not willing to go that way,

Or rather willing to go
Somewhere else in my mind.

But life has only one destination after all,
And whatever route I may take
Would be merely a detour, kind of.

So I didn't make a U-turn,
But just kept going on that lane,
Wishing that to be worth driving too.

a farewell

those who wished a simultaneous death
pupils
lips
forehead
chin
cheeks

that often aroused
yearning
desire
frustration
hate
then love

all being buried in
soil
light
wind
then eternity
hence unmeaningful

The Thorn

-On an Easter Morning

It seemed a big bird had flown;
For, onto the desk of my own,
A feather was falling,
Through the air fluttering.

As if in a dream did I gaze:
A tiny bird it was!

I stretched an arm,
And the bird got on my palm.
The whole body, in bright gold,
Was the wing of this bird.

Should I hold it on my palm?
Let it go afloat in sunshine?
Or, lest it one day fly away,
Hang it high above the doorway?

I pulled open the tool cabinet,
And took a hammer and nails out.

All of a sudden I started feeling
My left hand oddly empty and aching:
It was a tiny golden thorn
That had pricked my vacant palm.

A Bedside Talk

Lying in my bed, one starry night,
I had a long talk with Him.
He had come to see me that night,
Since I was to leave this world very soon.
I knew I had a poor memory,
And quickly wrote down in my diary,
Right after He had left,
The whole dialogue, as follows:

"It seems my confession is done."
"Oh, it does! What's your feeling now?"
"I feel... as if I could fly, even up to Heaven."
"Very good! You may fly up then."
"Do You mean I am permitted so?"
"Yes, you may go to Heaven."
"Thank You indeed! I will see You there again soon."
"Goodbye. Have a good Afterlife there."
"Goodbye-? Are You not coming?"
"Nope. I'll be here, as I've been till now."
"What? Have You not been up there?"
"No."

"I thought You had returned to Heaven
Right after the Creation."
"I've been here, ever since."
"Hard to believe. Could You tell me why?"
"Because... I've been too busy here."
"Busy-? In doing what?"
"In being with you, for instance."
"Being with me? But I never saw You!"
"You couldn't, because I was IN you."
"IN me! What was Your doing IN me?"
"Well, I was letting you know of My Hope,
Each time you were about to do something."
"Which means, ...You have been steering me!"
"I've been trying to guide you, more precisely."
"Anyhow, all my doings were under your Influence—
That is what You are saying!"
"I can even say what you did was what I did,
If I may exaggerate a little."
"Hard to believe. Can You explain then
How on earth I committed so many wrong doings,
As if without You?"
"Well, you may have heard Trial and Error. No?"
"Yes, but I do not think that will explain."
"And Free Will, too."
"Yes, but any relations between those?"

"Man is to go through Trial and Error everyday,
And always with his Free Will."
"That may be because You made Man so!"
"Good understanding."
"But Man's Free Will is far different than You!"
"That's the point."
"So all my stupid wrong doings were from that!"
"Don't say those are stupid, or wrong,
For they were only natural, and necessary, too."
"Necessary, too? ...To do what?"
"To know My Hope after all."
"To know by learning through Trial and Error?"
"Right."
"Oh, that was Your Will, or Plan!"
"You may say so."
"Then who on earth should be blamed
For any of their faults whatsoever?"
"No one, howsoever."
"Then Men should avoid going to Hell, whosoever!"
"Yes, but only after proper regrets!"
"Oh, regrets! ...can be a key to Heaven!"
"The only key, actually."
"Hmm... That was my case, too!"
"You're right."
"I think I now nearly understand Your Hope

That each Man would be collected to Heaven
Because You made them by Your own hands.
But why should they regret their doings,
Which were natural, and necessary too?"
"Because Regret means knowing the difference
Between My Hope and Man's own."
"Oh, that was that! Everything is clear now."
"Thank you for the knowing. I'm happy now."
"Yet I am NOT as happy, even with my going-up,
For how can it be Heaven if You are not there?"
"You must admit nobody'll need me there
'Cause there's no trial, or error, up there at all.
Believe it's only here that I am needed
Every day, every hour. every minute."

Then He arose, and disappeared;
And after deep thoughts I made up my mind:
"I will not leave this world,
Where He has been, is, and will be,
WITH me, or IN me,
But remain as long as I could,
Hopefully for ever."

곽명규의 시집에 붙이는 말

원형의 세계를 탐문하는 언어의 특징

안혜숙

시인은 누구나 자신의 의도와 신념과 방법으로 시를 쓴다. 이 말에는 그만큼 시가 주관적일 확률이 높다는 의미도 포함되어 있다. 그런 의미에서 곽명규 시인에게는 다른 '자족시인'들이 갖추지 못한 자기만의 색깔이 있다. 그것은 뛰어난 수사력(修辭力)이다. 그 이유는 소설이나 수필 등 문학 장르에 있어서 어느 분야를 막론하고 자유자재로 드나드는 데 있다. 그러나 그 본질에 앞서 시인이 기본적으로 갖추어야 할 자신만의 목소리와 자기 색깔이 있다는 데 주목하고 싶다.

특히 독자들을 과거와 현재, 미래로 이끌어 내는 감수성에, 일찍이 세계를 두루 섭렵한 전력이 문학성에 가미되어 있음을 발견할 수 있다. '우주적 순환' 속에서 깊은 사유가 자칫 관념적인 세계로 유인되지 않음 또한 그의 문학의 힘이 아닐까 싶다. 그 영향이 사랑과 그리움의 파노라마를 만남과 이별이란 구체적이고 객관적인 배경 속에 삼투(滲透)시킴으로써 '예술적 보편성'을 획득하고 있기 때문이다.

특히 시집 <유혹의 밤길> 전편에 흐르는 과거의 기억은 단순히 사적인 편린(片鱗)이 아니다. 그 시대를 살아

온 그 당시 세대들이 모두 공유할 수 있는 시대의 편린이다. 더구나 그 편린이 '지속적인 현재성'을 유지시켜 주는 데 놀라지 않을 수 없다. 과거의 기억과 경험을 역설적인 수사법으로는 설명할 수 없을 것이나, '현대성(Modernity)'이라는 말 자체에 끊임없이 새로운 것을 추구하는 정신이 내재해 있다.

우리가 진리처럼 신봉하고 있는 과학 역시 절대적이지 않다. 몇 세기가 지나도 인류의 진화론은 여전히 창조론과 대립되면서 논란거리가 되어있고, 우주의 발생설이나 천문에 관한 지식은 계속 새로운 학설로 갱신되고 있다. 문학 역시 역사적 격동기를 지나오면서 새로운 패러다임을 얻게 되고, 이를 바탕으로 끊임없는 노력으로 발전되고 있지 않는가.

이런 의미에서 곽명규 시인의 시집은 원형의 세계를 탐문하는 언어로 특징을 갖는다. 이들 언어의 섬세함이 구축해 내는 시적 발상이 우리를 매혹시킨다. 어쩌면 최근 우리 시가 놓치고 있는 시적 미학을 일깨워주는 역할을 하고 있는지도 모른다. 시 편마다 시의 언어가 '미적 지배성'을 획득하고 있기 때문이다. 바로 그 점이 우리의 미의식을 지배하고 장악하므로 주목할 수 있다. 더구나 현대 시의 본질을 벗어나지 않은 시편들을 보면서 우리 시의 울림이 아직은 존재하고 있음에 놀라움과 시인의 자부심을 느낄 수 있었다.

현대시의 풍요로 감동의 빈곤을 겪고 있는 현실 앞에 나를 '건드리는' 시를 만날 수 있다는 것은 축복이다. 시집 <유혹의 밤길>은 시편 곳곳에서 보여주는 과거의 기억을 재생하여 현재의 존재성을 자각하고 극복하는데 도움을 준다.

과연 시다운 시, 좋은 시란 어떤 것일까? 아마도 시가 나를 건드려주기를 바라는 마음일 것이다. 독자들을 배제하지 않고 겸비한 자세를 통한 존재론적 비상으로 더욱 확장되어 감을 의미하는지도 모른다.

이번 출간되는 시집 <유혹의 밤길>은 내재적으로 곽명규 시인에게 시인으로서의 '생명성'을 보장받을 수 있는 증명서가 될 것이며 독자들은 좋은 시의 만남을 자축할 것이다.

(시인, <문학과 의식> 발행인)

곽명규는 오래 전. . .

. . .문학을 품은 열아홉의 젊은 가슴으로 만난 친구다. 그가 돌연 첫 시집을 낸다며 원고를 보내왔다. 그가 멀티형의 재간둥이임은 일찌기 눈치를 챈 터이나 가슴 속에 끓는 시의 불길을 지금까지 어떻게 참고 견뎌 올 수 있었을까 싶었다.

"내 하루는 25시간"('하루의 길이')이라며 자정 넘어 닭울음 울 때까지 밤을 도와 글을 쓰는 일이 많았던 터라 시집 제목을『유혹의 밤길』로 정한 것도 다 까닭이 있었을 것이다. "밤이면 어둠이 몰려오지만/내 눈 속의 흰 빛이/기어이 막아내고야 말 것"이라고 말하는 한편 "이 싸움 까닭에 밤 동안은/잠자리에 누울 수가 없다."('눈 속의 어둠')고 말한다. 그의 시는 말하자면 '밤의 언어'인 셈인데 "밤 두 시/올빼미가 울 때부터/닭이 우는 네 시까지는/꼭 깨어 있으리"('밤의 유희')라는 다짐을 통해 스스로에게 각성을 촉구하는 '눈 뜬 언어'라고 하겠다.

—**정희성**(시인)

곽명규의 현실세계 인식은. . .

. . . 부정적이거나 비판적이거나 공격적이지 않다. 그 대상이 아무리 모순되거나 불합리하거나 공정하지 않고 몰상식한 것이라 할지라도 그는 그것의 깨어지고 부숴진 날카로운 모서리를 공그리고 모자란 결함을 메꾸어 가능한 한 원만하고 조화로운 상태로 만들어 받아들인다.

이러한 수용의 과정이 좀 더 수월해지기 위해 그에게 필요한 시공간은 바로 저녁 어스름 그 적자빛 노을 뒤끝에 오는 밤이라는 어둠의 세계이다.

그는 밝은 대낮보다는 어둠속에서 동정과 공감의 힘을 에너지삼아 그의 시세계를 빚어내며 또 숙성시켜 급기야 영롱한 색채와 매혹적인 향기 그리고 조화로운 맛을 내는 희귀하고도 고상한 일종의 컬트 와인과 닮은 정신의 경지를 완성해 낸다.

모든 것을 너그럽게 포용하여 감싸 안는 그 관용의 차원은 곧 뿌듯한 충족감으로 넘치는 열락의 황홀경이다.

—**장부일**(방송대 국문과 명예교수)